AF404938

LA MÉNIPPÉE NOUVELLE

SATIRE SOCIALE

OU

VÉRITÉS SUR LA CIVILISATION

PAR H. JUNIUS

ET UNE SOCIÉTÉ DE TRAVAILLEURS.

> Vous, riches.... sachez que le salaire que vous retenez aux ouvriers qui font la récolte de vos champs, crie contre vous.... Pleurez, poussez des hurlements dans la vue des misères qui doivent fondre sur vous.... Vous avez condamné et tué le juste, sans qu'il vous ait fait de résistance.
>
> (L'Apôtre St-Jacques.)

> La civilisation est le jeu des dupes et des fripons.   (Charles Fourrier.)

> C'est une société de gros voleurs liguée pour faire pendre les petits voleurs.
>
> (Saint-Simon.)

> La civilisation n'est autre chose que l'exploitation de l'ignorance. (H. Junius.)

> Cette infâme société périra par l'analyse.
>
> (H. de Balzac.)

Première livraison. — Prix : 10 cent.

PARIS

PILLON, ÉDITEUR,

RUE NEUVE-SAINT-AUGUSTIN, 10.

—

MDCCCXLIX.

LA SATIRE SOCIALE se compose de 200 livraisons
formant huit volumes in-12. Il en paraîtra de 3 à 5 livraisons par mois, chez Pillon, éditeur de l'*Almanach
d'un Paysan*, par Joigneaux, représentantdu peuple,
rue Neuve-Saint-Angustin, 10. — Prix de la livraison :
10 centimes.

SOUS PRESSE :

PREMIÈRE SÉRIE.

Deuxième Livraison. — Dialogue entre un Instituteur et
M. de Lamartine sur la Réforme *sociale*.

Troisième Livraison. — Une Voix d'outre-tombe, ou Con-
seils de l'Exilé de Sainte-Hélène à l'Elu du 10 décembre.

DEUXIÈME SÉRIE.

Les Petites Provinciales, lettres aux Travailleurs sur la
Politique et le Socialisme pratique (l'Impôt, l'Assurance, l'orga-
nisation du Pouvoir Electoral, le Droit au travail, le Crédit, la
Famine permanente, le Suicide, etc.).

Lettres sur l'avenir de l'Art dramatique, à M. Victor
Séjour, auteur de la *Chute de Séjan*.

DÉDICACE.

Au prolétaire des champs et de l'atelier courbé par l'injustice sociale sous le joug d'un travail exténuant, dont la ruse et la violence lui ravissent en grande partie les misérables produits;

A l'homme dénué qu'une société marâtre abandonne aux suggestions de la misère et du désespoir, après l'avoir enlacé jusqu'à épuisement de ressources dans les mille liens d'une invisible spoliation;

Au philanthrope, à l'homme sincèrement religieux qui veut donner à *tout homme* venant en ce monde une place honorable au banquet de la vie, qui veut dispenser *à tous* les moyens de fournir la plénitude de leur carrière morale, qui veut les faire échapper aux tentations ou aux séductions de l'oisiveté volontaire ou forcée qu'engendre l'extrême *misère* ou l'extrême *richesse*;

Aux hommes que l'ignorance, la peur, des lumières incomplètes sur *leur intérêt bien entendu* entraînent presque invinciblement à spéculer sur le mensonge, sur la *conservation* d'une société vermoulue qui a pour base l'injustice;

Aux hommes publics de tous les partis qui croient entraver ou accélérer le progrès en provoquant à la compression ou à la violence;

Aux martyrs de la sainte cause de la liberté et de l'affranchissement des peuples;

Au réformateur, à l'homme de prévoyance, au génie social, dont une aveugle obstination a méconnu ou repoussé les lumières positives;

Nous offrons cette œuvre de vulgarisation des *vérités sociales*, faible produit de veilles patientes consacrées au bonheur de l'humanité. Puisse-t-elle contribuer à réaliser quelques réformes utiles, à redresser quelques intelligences faussées, à alléger quelques souffrances, à amortir quelques haines, à faire naître une lueur d'espérance dans les âmes que l'esprit de solidarité et la foi dans l'intégralité de la Providence n'ont pas encore illuminés de leurs rayons bienfaisants.

H. JUNIUS.

PROLOGUE.

Depuis la chûte primitive, les fausses lumières des Sophistes et des Obscurants ont enfanté des formes sociales qui compriment ou détériorent les instincts natifs de l'Homme. Ce qui est déplorable, c'est qu'il est arrivé à cet état de paralysie du sens moral qui l'empêche d'apercevoir sa dégradation et la rend presque incurable. Tout ce qui peut rappeler l'homme social au sentiment de sa véritable situation est un acte de haute Charité. Tel serait le fait du philosophe véridique qui, en présentant le miroir au Vice et au Ridicule, leur ferait apercevoir toute leur laideur. Inciter par l'attrait de la forme littéraire et de la variété, voilà un des plus sûrs moyens de conduire au but : quand les hommes auront ri ou rougi d'eux-mêmes, quand ils auront touché du doigt les plaies sociales et l'antidote qui doit les guérir, ils seront bien près de désirer et de réaliser une transformation *sociale*. Nous mettrons à contribution tous les formes, toutes les nuances de la Satire pour atteindre ce résultat. Si nous échouons dans la carrière, au moins aurons-nous le mérite de l'avoir abordée. L'estime et le concours spontané des hommes de cœur, les joies intimes de la conscience satisfaite, voilà une compensation au rude labeur que nous avons entrepris.

LA SATIRE SOCIALE.

(PREMIÈRE SÉRIE.)

LE POUR ET LE CONTRE

ou

DIALOGUES POPULAIRES SUR LES DOCTRINES SOCIALISTES.

PREMIER DIALOGUE.

UN DÉMOCRATE ET UN RÉACTIONNAIRE.

L'unité spirituelle est indispensable pour fonder l'association et réaliser l'ordre par la liberté. Le mouvement social est la loi de l'humanité.

LE RÉACTIONNAIRE.

Vos écrivains ne m'ont point converti. On ne me persuadera jamais que le bonheur et l'harmonie générale puissent sortir de ce chaos de doctrines incomplètes, utopiques ou contradictoires que vos docteurs jettent sans mesure ni discernement aux masses populaires, qui, après dix-huit mois de prédications, ne sont pas même fixées sur les *principes généraux* du socialisme. Les unes se préoccupent exclusivement de la liberté et des intérêts matériels, et poussent outre mesure au matérialisme et à l'individualisme; les autres rêvent l'absorption des essors individuels au profit de l'unité collective, et confisquent la liberté dans l'intérêt prétendu de l'ordre et de la hiérarchie; d'autres enfin, et c'est le socialisme grossier des campagnes, qui vous débordera rapidement, rêvent un communisme pillard qui n'aurait d'autre effet que de généraliser le prolétariat et le paupérisme, et d'anéantir toute civilisation. Jusqu'ici je n'aperçois aucune doctrine sociale assez compréhensive pour concilier les nécessités suprêmes de l'ordre avec les exigences légitimes de la liberté. Pour ma part, je crains autant d'avancer que de reculer. Avouez que votre révolution sociale marche un peu au hasard, et que vous êtes fort embarrassés pour diriger le mouvement, qui menace de nous pousser vers l'abîme, soit que la société aille en avant, soit que l'on tente de la faire rétrograder.

LE DÉMOCRATE.

J'aime à vous voir entrer dans une controverse calme, franche et loyale. Il serait bien temps de constituer le *parti de la discussion*, pré-

conisé par un éminent publiciste (1), et de le
substituer définitivement au parti de la violence
et de l'obscurantisme. — Plût à Dieu que messieurs de la rue de Poitiers (2) et leurs ayant-
cause comprissent enfin que l'arme de la *calomnie*
s'est usée dans leurs mains, et que leur intérêt
bien entendu est d'entrer dans les voies de la
vérité, qui chassera l'erreur de quelque côté
qu'elle se trouve.—J'avouerai pourtant que notre
époque me paraît peu propre à élaborer une doctrine sociale complète. Les esprits sont tellement
abrutis par les dogmes de résignation et d'im-
mobilisme, qu'ils paraissent peu aptes à s'occuper d'idées générales. D'un autre côté, la vieille
société étant en pleine décomposition, il n'y a
rien d'étonnant à ce que chaque individualité
saillante s'empare d'un lambeau des doctrines
générales, les travestisse à sa façon, se pose
comme chef d'école, et s'en fasse une planche
de salut au milieu du sauve-qui-peut général. Voilà ce qui peut expliquer tout ce qu'il y
a, au moins en apparence, de contradictoire

(1) Émile de Girardin. — Disons en passant que la *Voix du
Peuple*, rédigée par les citoyens Proudhon et Chevé, vient de
prendre une noble initiative, qui doit élever la presse à la hauteur d'un sacerdoce, en accueillant dans ses colonnes la dé-
fense de l'usure et du capital, présentée par M. Frédéric Bas-
tiat, un loyal champion du parti réactionnaire.

(2) C'est le siége de la propagande anti-sociale, qui s'est donné
la mission périlleuse de créer des *Partageux*.

et d'incomplet dans les doctrines sociales que
les publications populaires mettent en circula-
tion. Je ne saurais contester que les doctrines
les plus dangereuses n'arrivent prochainement à
compromettre la république et la civilisation ,
si les démocrates sincères , les socialistes intel-
ligents, les hommes *prévoyants* de toutes les opinions ne se concertent pour donner aux travailleurs des idées *positives* et des convictions
éclairées qui les empêchent de tourner à tous
les vents des incidents politiques, pour réaliser
sur une grande échelle l'instruction et l'émancipation intellectuelle du peuple, totalement négli-
gées par tous les partis sans exception , et sans
lesquelles pourtant il est impossible de régulariser le mouvement social.

LE RÉACTIONNAIRE.

C'est là qu'il faudrait arriver, si c'était possible,
et si la science sociale était assez avancée pour
permettre de créer l'unité dans les esprits; mais
les moyens de publicité vous manquent , et le
socialisme n'est encore qu'à l'état d'aspiration et
ne promet pas d'arriver de longtemps à se constituer science positive. Je vous vois à la veille
d'être fort embarrassés d'une victoire qui, évi-
demment, ne peut vous échapper, si l'on vous
laisse le Suffrage universel. Je crois, qu'en défi-
nitive, vous feriez sagement de nous aider à

maintenir le *statu quo*, et de nous préserver d'un avenir qui s'offre à toutes les imaginations sous les plus sombres couleurs.

LE DÉMOCRATE.

Je vois bien que la *peur* est une déplorable maladie ; il est vrai qu'elle a pour cause l'i-gnorance, et que nous avons peu travaillé à vous en guérir. Les hommes de votre opinion s'épargneraient bien des soucis et des terreurs s'ils avaient le courage d'envisager de sang-froid le monstre du socialisme, comme ils l'appellent dans leur effroi. D'abord, il n'est pas exact de dire que la science *sociale* est trop peu avancée pour créer l'unité dans les esprits : j'offri-rais de vous en fournir la preuve si « *vous « étiez en état de la porter présentement,* » pour employer l'expression d'un grand socialiste, qui trouvait dangereux de devancer le temps (1). D'un autre côté, vous n'avez pas la plus légère idée des immenses moyens de publicité dont la propagande socialiste pourrait disposer si le parti démocratique était assez sage pour s'or-ganiser, pour concerter tous ses mouvements sur le terrain des *idées pratiques*. Quant à votre *statu quo*, je vous démontrerai sans peine que c'est la plus absurde utopie à laquelle un esprit judicieux puisse s'arrêter : il n'y a pas

(1) Jésus-Christ.

d'exemple d'une société civilisée qui ait traversé les siècles en se maintenant dans l'immobilité absolue. Il serait excessivement curieux et instructif de suivre avec détail, dans l'histoire, la loi du progrès et des transformations sociales. Mais l'étude de la question sociale est si vaste, que les intelligences les plus actives et les hommes les mieux disposés ne peuvent l'envisager que successivement. Si vous croyez avoir intérêt à l'approfondir, nous en ferons l'objet de plusieurs entretiens, dans lesquels j'essaierai de résoudre vos objections. A bientôt.

DEUXIÈME DIALOGUE.

UN DÉMOCRATE ET UN RÉACTIONNAIRE.

L'émancipation intellectuelle du peuple est la condition SINE QUA NON du progrès social.

LE RÉACTIONNAIRE.

Vous avez touché un point fort important ; il s'agit de l'instruction populaire et de l'émancipation intellectuelle des masses. J'avoue que je ne vois pas comment il vous est possible d'aborder cette tâche colossale, et j'aurais grand besoin d'être édifié là-dessus. Mais expliquez-moi d'abord, je vous prie, ce que l'on entend par l'émancipation *intellectuelle*.

LE DÉMOCRATE.

Considérée abstractivement, l'émancipation intellectuelle est cette disposition indépendante qui nous porte à affranchir l'intelligence des idées reçues et des préjugés dominants; c'est ce libre essor de notre esprit qui se rend compte de tout, vérifie toutes ses notions acquises, nous porte à « oublier ce que nous « avons appris, » à « reprendre les idées à leur « origine, » et, s'il y avait nécessité démontrée, nous ferait accepter sans sourciller la rude tâche de « refaire l'entendement humain. »

LE RÉACTIONNAIRE.

Vous ne tendez à rien moins qu'à créer un *nouveau monde* intellectuel et scientifique, et j'avouerai que je me sens peu d'humeur à vous suivre dans cette entreprise impossible. Voulez-vous me dire ce que vous entendez par l'émancipation considérée dans ses applications positives?

LE DÉMOCRATE.

J'allais y arriver. L'émancipation intellectuelle a donné son nom à une célèbre méthode d'enseignement qui pourrait, si nous étions «LES FILS DE NOS PÈRES (1), » si nous étions

____

(1) Mot sévère de Michel (de Bourges), sur le parti démocratique.

doués d'une *volonté virile*, devenir dans nos mains l'instrument de la révolution pacifique et de la régénération intellectuelle. Cette méthode a fait ses preuves en *émancipant* de l'ignorance et de la misère de simples ouvriers, qui ont aujourd'hui des succès dans les carrières dites libérales. Pour avoir négligé d'en favoriser le développement et de la généraliser dans la mesure du possible, nous avons mérité le mot flétrissant de « GÉNÉRATION AVOR- « TÉE, que nous ont jeté les grands esprits de l'époque (1). Cette méthode est la méthode vraiment démocratique, la méthode des pauvres, des travailleurs peu favorisés de la fortune, puisqu'elle permet à tout individu doué d'un jugement sain « d'apprendre sans maître et d'enseigner ce qn'il ignore. » Elle est donc destinée, si nous savons, si nous voulons nous en servir, à faire disparaître les derniers vestiges du système de *castes intellectuelles*, qui est la plaie de notre époque, en ce qu'il persuade faussement aux ouvriers que les professions savantes ne sont pas accessibles à tous , que la nature a formé une *aristocratie des intelligences*, qu'ainsi les travailleurs manuels ne sauront jamais se gouverner par eux-mêmes, qu'il y aura toujours des *meneurs* et des *moutons*, et que la

(1) Georges Sand, Châteaubriand, Charles Fourrier.

— 13 —

Souveraineté du peuple n'arrivera point à être une vérité positive.

LE RÉACTIONNAIRE.

Vous me donnez un violent désir de suivre les expériences faites par les disciples du fondateur de la méthode d'émancipation intellectuelle (1). J'ai toujours pensé que l'exercice exclusif des professions manuelles, avait pour effet d'émousser les facultés de l'esprit, d'abrutir les travailleurs, de les livrer à d'incurables habitudes de *paresse intellectuelle*, qui les rendent inaptes aux grands travaux de l'intelligence propres à faire acquérir au peuple « *les lumières de détail nécessaires pour administrer* » (2) et surveiller ses mandataires en pleine connaissance de cause.

LE DÉMOCRATE.

Il y a malheureusement un peu de vrai dans ce que vous dites ; mais on pourrait vaincre la difficulté, si les démocrates sérieux avaient assez de courage pour consacrer leur vie entière à l'émancipation intellectuelle du peuple. Nous sommes forcés de reconnaître, bien à regret, qu'il n'en est point généralement ainsi ; soit

(1) Elles ont lieu tous les jours dans les Institutions Froussard et Bachellery, qui méritent les encouragements de tous les amis du progrès.

(2) Lettre de Lamennais à l'un des auteurs de la *Satire sociale*.

tiédeur, soit épuisement, soit *imprévoyance*, soit désir immodéré de prendre position dans la classe des *satisfaits*, certains démocrates lettrés abusent du privilège de l'instruction — acquise le plus souvent au prix d'une fortune due à l'exploitation, — et s'en font un moyen d'accaparement des avantages sociaux, au détriment de la grande masse de leurs concitoyens, qui sont censés être tous « leurs égaux « devant la loi. » C'est, pour le dire en passant, ce qui démontre la nécessité de ne s'appuyer que sur les principes, et de surveiller *tous* les hommes qui, la plupart, apostasient quand ils sont en possession du pouvoir, objet de leurs vœux les plus ardents.

LE RÉACTIONNAIRE.

Vous venez de dire là une page de l'histoire des misères humaines... Mais, n'est - ce pas abuser que de vous demander quelques mots sur la manière d'opérer de la méthode d'émancipation intellectuelle? N'allez pas supposer pourtant que je croie pouvoir me dispenser de suivre les cours réguliers qui ont produit les immenses résultats que vous annoncez (1).

LE DÉMOCRATE.

Le principe de la méthode d'émancipation

______

(1) Ils ont lieu à Passy, et rue du Rocher, à Paris, aux pensionnats indiqués ci-dessus.

intellectuelle se réduit à ceci : « Etudier avec soin les choses que l'on sait, et y rapporter les choses qu'on ignore. » Il n'est personne qui ne sache quelque chose, et il n'y a pas une seule chose qui ne soit en contact d'analogie avec une autre chose par quelqu'un de ses éléments. Les distinguer par la *décomposition*, et constater leurs rapports par la *comparaison*, voilà tout le secret de la méthode d'émancipation intellectuelle. A un moment donné de leur existence, tous les hommes qui pensent en font à leur insu un emploi plus ou moins habile, et ses procédés sont aussi variés que les modes de manifestation de l'intelligence humaine.

LE RÉACTIONNAIRE.

Mais, s'il est possible « d'apprendre sans maître et d'enseigner ce qu'on ignore, » il en résulte que votre doctrine pousse l'homme à l'isolement, et nie la puissance de l'éducation solidaire, ce qui est contradictoire avec vos principes.

LE DÉMOCRATE.

La méthode d'émancipation nie si peu la puissance de l'éducation mutuelle, qu'elle provoque l'échange le plus actif de pensées et de sentiments entre ses disciples. Elle va même jusqu'à *tolérer* les explications du professeur à ses élèves, mais elle ne les admet que comme termes de comparaison avec les produits spontanés de leur intelligence, et nie absolument qu'un homme soit forcé de subir pendant plusieurs années la tutelle d'un *maître*, d'abdiquer sa liberté intellectuelle, d'asservir son intelligence à celle d'autrui, pour acquérir les connaissances nécessaires à son développement physique, intellectuel et moral. On ne saurait nier qu'il n'y ait là une cause de ralentissement du perfectionnement social.

LE RÉACTIONNAIRE.

Quand j'accorderais tout ce que vous venez d'avancer, je ne verrais pas encore la possibilité de faire de votre méthode le levier de la révolution *pacifique*, comme vous l'appelez dans vos magnifiques *illusions*.

LE DÉMOCRATE.

C'est en vérité aussi simple que l'œuf de Christophe Colomb. Trouvez - moi environ douze hommes de *volonté*, douze hommes sincèrement dévoués à la cause populaire; c'est, à la vérité, chose assez difficile par le temps qui court. Je prends l'engagement solennel de les *émanciper* en quelques mois, à la condition que chacun d'eux s'engagera publiquement à en faire autant en faveur de douze travailleurs manuels, c'est-à-dire, à ne pas renoncer à leur instruction qu'ils ne soient en état « d'apprendre sans maître et d'enseigner ce qu'ils ignorent,» chose démontrée possible par l'expérience. Avec un bataillon sacré d'environ cent quarante-quatre improvisateurs en unité de principes et de but *pratique*, avant1852, nous sommes maîtres du mouvement des esprits, et par conséquent des délibérations dans toutes les réunions électorales. Une partie de ces travailleurs, voyageant pour les besoins de leur profession, peuvent former, sur tous les points de la France, des groupes d'ouvriers-orateurs, comme nous l'aurons fait dans Paris et dans la banlieue ; nous renouvellerons ainsi, à la barbe de la loi sur les clubs, cette affiliation *tacite* des esprits, au moyen de laquelle Robespierre et les Jacobins, ces hommes tant méconnus (1), dirigèrent le mouvement de l'opinion avancée. Voilà une publicité sans limites, à laquelle rien ne peut résister, parce qu'elle est *orale* et *gratuite* (2). . . Mais, je le répète, il

(1) Lisez, sur Robespierre, *les Girondins*, de Lamartine, qui a réhabilité la mémoire du fondateur de la démocratie française.

(2) Quelques jours avant le 29 janvier, des démocrates bien connus, et des rédacteurs de journaux socialistes, convaincus de la nécessité do'rganiser la discipline intellectuelle dans le parti démocratique, proposèrent au citoyen Junius de centraliser l'enseigement *social* des clubs, en faisant un cours *normal* d'émancipation *intellectuelle*, appliqué à l'éducation populaire. Le grand complot réactionnaire empêcha de donner suite à cette entreprise, qui sera probablement reprise en sous-œuvre par l'association des instituteurs socialistes, à laquelle un *Mémoire*

faut , pour suivre cette grande œuvre, des hommes de patience et de volonté, et c'est là ce qui manque presque complètement dans la démocratie populaire. Espérons que les ouvriers ne tarderont pas à comprendre qu'ils ne seraient pas dignes d'être membres du Souverain, s'ils ne travaillaient *méthodiquement* à leur émancipation intellectuelle, que redoutent les classes lettrées, qui croient avoir intérêt à perpétuer l'ignorance des masses.

LE RÉACTIONNAIRE.

Je vois que vous tenez là, en effet, une puissante machine de guerre, à laquelle il serait difficile d'opposer des obstacles de quelque durée…. Le parti qui, le premier, aura l'habileté de mettre la main sur cet énergique levier populaire, aura toute chance d'avoir la haute main dans la direction du mouvement révolutionnaire. Mais, avez-vous bien réfléchi sur les conséquences, et perdez-vous de vue, par exemple, ce mot d'un grand homme d'Etat : « Plus les hommes seront éclairés, moins il sera possible de les gouverner. »

LE DÉMOCRATE.

C'est précisément le contraire qu'il faut dire,

à *consulter*, sur un projet d'École *normale* populaire, sera adressé prochainement.

et je suis convaincu que le grand ministre an-
glais, perdait de vue sa philosophie de l'histoire, quand il a prononcé ces tristes paroles.
Au reste, comme vous discutez sans parti pris,
il vous sera aisé de voir où est la justice et la
vérité. Qui a sacrifié les réformateurs et les
sages de toutes les époques, ceux qui, au péril
de leur vie, ont confessé ce qu'ils croyaient
être la vérité? Qui a tué Socrate, le plus sage
de tous les hommes; et Jésus-Christ, cet homme
divin, dont la mort fut celle d'un Dieu; et Robespierre, dont l'incorruptibilité est prover-
biale? N'est-ce pas appuyés sur l'ignorance populaire que les oppresseurs de tous les temps
ont comprimé l'essor des intelligences, et l'esprit de libre examen, qui conduit à la découverte de la vérité? N'est-ce pas aidés de la force
brute et des baïonnettes inintelligentes, que vos
imprévoyants réactionnaires violent impuné-
ment nos lois fondamentales? Que devien-
draient les oppresseurs et les parasites, — ces
hommes qui ne vivent que du travail d'autrui,
— si l'esprit de justice et de vérité pénétrait
sous le chaume, et désarmait les complices
involontaires du despotisme?... Mais, patience!
les organes de la réaction sont forcés de reconnaître que le progrès s'est fait dans plus de
soixante départements.... Nous les attendons
aux prochaines élections!

LE RÉACTIONNAIRE.

Encore une fois, tâchez de bien user de votre future victoire, messieurs les gouvernants en herbe ; surtout, avisez au plus vite à vous concerter, à *contenir* en progressant, à réaliser un juste *équilibre des forces sociales* ; car, si vous n'êtes pas à la hauteur de cette tâche, je crains pour vous, autant que pour nous-mêmes, les Jacques et les *Partageux*.

N.-B. — Nous croyons devoir informer nos lecteurs que sur notre protestation, publiée à diverses reprises, le libraire Lasnier, rue de Bussy, 6, nous a déclaré que l'écrivain qui a usurpé le nom de Junius, à l'occasion d'une publication réactionnaire intitulée : *Le citoyen Proudhon devant l'Assemblée nationale*, n'est autre qu'un sieur Gaëtan Delmas, ancien secrétaire de préfecture sous Louis-Philippe, et aujourd'hui sous-préfet dans le département de l'Aube. Il n'y a rien de commun entre le faux Junius et notre ami H. Junius, auteur de publications socialistes reproduites dans la *Démocratie pacifique*, etc.

GENAY, *ouvrier sellier*.

ANNONCES VÉRIDIQUES
ET GRATUITES

Garanties par les Annoncés, et contrôlées par des Jurys spéciaux.

AVIS AUX HOMMES DU PROGRÈS.

Au moment où les hommes sérieux se préoccupent des voies et moyens de la rénovation *sociale* qui est l'œuvre de notre siècle, il serait bien temps d'aviser à chasser le Mensonge des relations privées, et notamment d'introduire la Vérité dans les transactions *commerciales*. La réforme des individus doit marcher de front avec la réforme sociale ; c'est le grand moyen d'accélérer notre régénération. A cet effet, nous ouvrons une ENQUÊTE PERMANENTE sur les vices et les crimes du commerce et de la spéculation, en même temps que nous établissons une PUBLICITÉ GRATUITE en faveur des travailleurs qui opèrent loyalement. Nous invitons, en conséquence, les bonnes maisons et les ouvriers honnêtes à nous envoyer des notes détaillées sur les abus industriels et sociaux en général, ainsi que sur les moyens frauduleux employés pour tromper le public sur la qualité des matières de toute nature et sur les vices de la fabrication des produits. Junius et ses coopérateurs dénonceront les *petits voleurs*, ainsi que les *grands voleurs*, et arriveront avec le temps à tuer la *concurrence à vil prix*, qui est la ruine des entrepreneurs et des bons ouvriers. Des annonces gratuites et *garanties*, contrôlées par des jurys spéciaux composés de travailleurs émérites, feront successivement affluer les clientèles chez les maisons qui travaillent loyalement, ainsi que chez les associations ouvrières fondées sur le principe de la Solidarité ; ce sera la récompense légitime de leur concours et de nos propres efforts. La presse progressive sera notre alliée naturelle dans cette croisade satirique contre le *mensonge commercial*, et nous aidera ainsi à trouver l'issue de notre *fausse civilisation*.　　　　H. J.

SIX MOIS DE REPOS

ou

PROPRIÉTAIRES ET PROLÉTAIRES

Par le Dr BELLANGÉ, détenu politique. — 15 centimes.

JOURNAUX SOCIALISTES :

Démocratie pacifique — Voix du Peuple — Temps
— République — Réforme —
Presse — Liberté — Feuille du Peuple —
Feuille du Village (par JOIGNEAUX, repré entant du peuple),
Populaire (par CABET), etc.

NOTA. — Les correspondants en titre de localité ou de quartier qui offriraient de centraliser le mouvement de l'*Enquête sur les vices du commerce* en se chargeant de recueillir des renseignements détaillés sur chaque spécialité, auront droit à une remise de *tant pour cent* sur la vente de chaque livraison de la *Satire sociale*, à titre d'indemnité pour leurs travaux et sacrifices de temps. Les lettres, de la France et de l'étranger, doivent êtres adressées à M. Pillon, éditeur, 10, rue Neuve-St-Augustin, à Paris. — (*Affranchir*).

N.-B. — Nous consacrerons une partie de notre publicité aux associations ouvrières aussitôt que nous aurons examiné leurs statuts, que nous les prions de nous communiquer sans délai.

Paris. — Typ. Bénard et Cie, succ. Lacrampe, rue Damiette, 2.

LA MÉNIPPÉE NOUVELLE

SATIRE SOCIALE

OU

VÉRITÉS SUR LA CIVILISATION

PAR H. JUNIUS

ET UNE SOCIÉTÉ DE TRAVAILLEURS.

C'est une société de gros voleurs ligués
pour faire pendre les petits voleurs.
(Saint-Simon.)

Cette infâme société périra par l'analyse.
(H. de Balzac.)

PÉTITION SUR LE DROIT AU TRAVAIL.

Seconde livraison. — Prix : 15 centimes.

PARIS

PILLON, ÉDITEUR,
rue Neuve-Saint-Augustin, 10.

La Satire Sociale se compose de 200 livraisons formant huit volumes in-12. Il en paraîtra de 3 à 5 livraisons par mois, chez Pillon, éditeur de l'*Almanach d'un Paysan,* par Joigneaux, représentant du peuple. Prix : 15 centimes.

EN VENTE :

Première livraison. — Dialogues populaires sur les doctrines *socialistes.*

SOUS PRESSE :

Troisième livraison. — Lettres à Proudhon, Louis Blanc et Pierre Leroux sur l'*Autorité* et la *Liberté,* ou détermination des bases du gouvernement *socialiste.*

Quatrième livraison. — Tableau historique de la Révolution *sociale.* — Première partie : la Révolution en danger. — Deuxième partie : la Révolution invincible.

Confessions d'un Réactionnaire, ou la *Réaction* dévoilée par elle-même.

PÉTITION

D'UN OUVRIER SOCIALISTE

SUR LA RÉALISATION DU

DROIT AU TRAVAIL

AUX REPRÉSENTANTS MONTAGNARDS

aux Candidats radicaux, aux Chefs d'écoles

AUX JOURNALISTES.

CITOYENS,

Mille pardons si j'ai la voix rauque et le langage peu parlementaire. Comme il faut que nous fassions connaissance, je vous avouerai tout de suite que j'ai un grand défaut, celui de dire la vérité à tout un chacun sans la mâcher. Vous qui êtes les démolisseurs de la *vieille* société, vous n'aurez pas de peine à m'excuser s'il m'échappe par ci par-là quelque sortie un peu brusque; vous comprendrez facilement que c'est la faute de cette société et non la mienne si moi et mes pareils nous n'avons pas reçu comme vous une éducation libérale. Au reste, ces habitudes de franc-parleur tiennent peut-être un peu aussi à ce que je suis *émancipé* de fraîche date, ce qui met du toupet dans l'esprit, comme je vous l'expliquerai tout à l'heure.

Je m'attends bien que d'aucuns me diront, suivant les vieux *us et coutumes*, que ce n'est pas trop le moyen de me faire écouter et d'obtenir pour mes frères d'infortune l'objet de ma demande. Je répondrai à ceux-là, sans y aller par quatre chemins, que nous ne sommes plus les *sujets* de personne; que nous autres, les ouvriers et les paysans, nous sommes des millions, c'est-à-dire, la grande majorité, qui constitue le Peuple-Souverain; que vous, les privilégiés de la fortune et de l'instruction, vous êtes une imperceptible minorité, c'est-à-dire les serviteurs, les *commis* du peuple, comme les appelait le jacobin d'incorruptible mémoire (1); que nous sommes las du rôle de solliciteurs, et que c'est trop de *trois ans de misère* au service de la République; que si vous négligez une seule question d'intérêt *général*, — tenez-vous-en pour dûment avertis, — nous pourrons nous en souvenir au grand jour des élections... Ceci soit dit, toutefois, sans humeur ni rancune pour les omissions et les fautes du passé.

Il faut que nous causions un peu, en passant, d'une chose importante dont nous nous occupons

(1) **Robespierre.**

beaucoup en petit comité, et qui conduit tout droit à mon objet. Je ferai remarquer qu'on n'en entend guère parler dans vos écrits, messieurs les bourgeois-socialistes; je me trompe : mon ami Louis Blanc, le même qui a eu l'honneur de proclamer le DROIT AU TRAVAIL, le 24 février, a déjà parlé une fois, dans son excellente Revue (1), de l'ÉMANCIPATION INTELLECTUELLE du peuple. Il est vrai qu'il n'a pas encore dit comment il entend ça, et nous autres nous aimons bien qu'on s'explique clairement depuis qu'on nous en a *escamoté* deux; vous comprenez bien, ça fait éviter les *malentendus*, et ça épargne le désagrément de se fâcher tout rouge, et de retomber dans ce gâchis qui se compose de boue, de sang et de pavés, et qui fait oublier pour un moment la fraternité universelle.

Vous ne trouverez peut-être pas inutile, citoyens, que je vous explique ce que c'est que l'émancipation *intellectuelle ;* au moins notre manière de l'entendre à nous. Oh ! mais c'est quelque chose de bien extraordinaire, allez; quand on a goûté de ça, on est presque tenté de croire à la doctrine de *l'égalité...* des intelligences, s'entend. Les gens qui ont beaucoup usé de ce système d'émancipation en racontent des choses qui peuvent passer pour étranges; c'est à faire croire à

____

(1) *Le Nouveau-Monde.* Bureaux : rue Richelieu, 102. Prix : 6 fr. par an.

une révolution *intellectuelle* dans un avenir très prochain. Si, en effet, l'homme doué de VOLONTÉ *peut apprendre sans maître et enseigner ce qu'il ignore*, nous voilà tous, pauvres et riches, *égaux* par l'instruction, et affranchis de l'esclavage de l'ignorance et de l'éducation de l'homme par l'homme, comme dirait le citoyen P.-J. Proudhon; dès lors, plus de mystères pour personne, plus de dessous de cartes, plus de gouvernants-ulcères, plus de rogneurs de portion, plus de parasites d'une couleur quelconque; et la *société*, qui ne vit que de mensonges *convenus*, que d'hypocrisies *honnêtes*, est, à époque fixe, percée à jour et démasquée de fond en comble. Au reste, vous pourrez vous renseigner plus complétement sur cette merveilleuse découverte et ses conséquences politiques, en lisant la première livraison de la *Satire sociale* (1).

Mais vous allez me prendre pour un savantas ou tout au moins pour un fier bavard; car voilà déjà bien un quart d'heure que je parle, et je ne vous ai pas encore dit un mot de l'objet de ma pétition. Or, c'est bien ce qui vous trompe, citoyens; ce que je vous ai débité est tout bonnement pour arriver à vous dire une chose qui a sa signification, c'est qu'étant *émancipé*, j'ai le courage, moi, simple ouvrier, d'user de mon libre arbitre, d'avoir une opinion à moi, de la raisonner, de n'accorder à personne le droit de me *mener*, de *gouverner*

(1) **Par H. Junius.**

mon intelligence ; et je né conçois pas que, dans
d'autres conditions, on soit digne d'entrer en par-
tage de la Souveraineté ; c'est, pour le dire en
passant, une chose capitale sur laquelle j'appel-
lerai plus d'une fois l'attention des camarades.
J'ai donc, sauf votre permission, ma manière de
voir particulière sur cette diabolique question du
droit au travail, qui vous donnera de la tablature
encore plus d'une fois, à vous et à d'autres, si
vous n'y prenez garde. C'est donc pour dire qu'il
me semble que vous l'avez diantrement négligé
ce problème du droit au travail, pour vous occuper d'un tas de choses qui, certes, ne l'égalent
pas en importance ; je vous garantis que vous
n'auriez pas lâché cette question énorme si vous
l'aviez étudiée d'après la méthode d'émancipation *intellectuelle* ; car, après tout, le droit au travail, c'est le *droit de vivre*, c'est le *droit au bien-
être ;* et, comme dit le maçon, il faut construire la
base avant de songer au faîte. Que penseriez-vous,
par exemple, des naufragés de la Méduse qui se
seraient disputé le commandement du radeau
avant de l'avoir pourvu de provisions (1)? Or, sa-
chez bien, citoyens, que dans cette Méduse qui

(1) N'est-ce pas, sauf respect, prendre le roman par la queue,
que d'agiter la question brûlante d'*autorité* et de *liberté* avant
d'avoir trouvé les moyens d'*équilibrer* la production et la consommation ? Qu'en pensent les grands esprits du jour ? Mais n'antici-
pons pas ; notre ami H. Junius aura bientôt la parole pour leur
adresser des interpellations là-dessus.

s'appelle *civilisation*, il n'y a pas d'autre moyen
de mettre l'ouvrier au niveau du sauvage, de la
brute, du quadrupède, que de lui accorder le *droit*
de vivre en travaillant, et de lui *garantir l'exercice*
de ce droit par des moyens positifs. Le lion bien
vêtu, bien armé, prend sa nourriture partout où
il la trouve ; le sauvage jouit de ses droits *naturels*,
la pêche, la chasse, la pâture, la cueillette, etc. ;
il ne meurt jamais de faim en face des dons de
la nature, (qu'un communiste de la rue de Poitiers (1) voudrait voir *partager également* entre
tous les hommes) ; il ne rencontre jamais d'*honnêtes* gens (2) qui accaparent la propriété de la
terre, — qu'ils n'ont point créée par leur travail,
— pour s'en attribuer exclusivement les fruits au
détriment de ceux qui les produisent, pour vivre
largement dans l'oisiveté aux dépens de l'ouvrier
qui meurt de faim. Vous devez donc comprendre,
citoyens, que dans une société qui n'a d'autre
base que le *travail productif*, dont la prospérité
n'est plus fondée sur la conquête ou *vol extérieur*,
le travailleur à qui cette société n'a point *garanti* le
travail ; qui le maintient sous l'esclavage de la misère ; qui, sans lui offrir de compensation, lui ex-
torque, dans une proportion illimitée, *sa propriété*,
le produit de ses sueurs, sous couleur d'impôts in-

(1) **Lamartine**, *Histoire des Girondins*, sur les tendances com-
munistes de Robespierre.

(2) **Rousseau** et **Proudhon** appellent çà tout crûment des *voleurs*.

directs, de loyers, de fermages, de rentes, d'intérêts, de libre concurrence, etc.; qui le laisse suc-
comber aux perfides suggestions du besoin; qui
ensuite le frappe, le souille, le flétrit, sous pré-
texte de violation de lois qu'il n'a pas faites, que
ses tyrans ont faites contre lui et qu'il ne connaît
même pas; vous comprenez bien qu'une pareille
société n'est autre chose qu'un amas « de *gros
voleurs* ligués pour faire pendre les petits voleurs (1); » vous voyez tout de suite que « cette
infâme est destinée à périr par l'analyse (2) »; que
ceux qui la laisseraient subsister par inertie en
seraient positivement les complices; qu'il y a ur-
gence de lui donner le coup de grâce en abolis-
sant tous les priviléges du parasitisme, de la richesse, de l'usure, du monopole, et en imposant
à *tous* les hommes sans exception l'*exercice* du
droit au travail.

Voilà donc qui est entendu, — et tenez-vous
pour avertis qu'il n'y a plus à en démordre, —
en l'absence du droit au travail, les prolétaires ne
sont pas citoyens, ils sont esclaves de la misère,
ils sont *collectivement* les serfs de la richesse, ils
sont *volés* de leurs droits naturels, sans aucune
compensation, par la société propriétaire et ca-
pitaliste; de même que sans l'émancipation *intellectuelle*, le peuple n'est pas *souverain*, il est

(1) Saint-Simon.
(2) Balzac.

ilote, il est paria, il est idolâtre des *hommes* et oublieux des *principes*, il est esclave de l'ignorance, de l'abrutissement, de tous les préjugés, de tous les vices qui en découlent; il est, pour dire la vérité sans détour, *indigne* d'exercer sa part de souveraineté. Or, messieurs les bourgeois socialistes, si vous n'avez pas l'arrière pensée d'amuser le peuple par des tournois de brillantes paroles et des monceaux de papier noirci; si vous ne préméditez pas d'apostasier, comme M. Armand Marrast et ses pareils, le lendemain de la grande *victoire électorale*, de vous faire comme eux coupeurs de tartines et rogneurs de portions ; je viens vous sommer, au nom de mes pareils, moi, Jacques Bonhomme, de vous occuper, toute affaire cessante, franchement, sérieusement, catégoriquement, du *droit au travail*, en l'appelant loyalement par son nom de famille, en ne le noyant plus sous un déluge de formules, qui tendent à le faire perdre de vue, à faire oublier au peuple que le droit au travail est le seul mot de ralliement, le seul vrai *drapeau* de la révolution *sociale*.

Il m'est avis qu'il serait urgent de deviser ensemble sur quelque chose de bien plus important encore. Je disais donc qu'on lui en a déjà *escamoté* deux, et que le peuple ne se laissera pas escamoter la troisième, surtout s'il a assez de *prévoyance* et de bon sens pour s'occuper de son émancipation *intellectuelle* et se préparer de longue main à *se gouverner* par lui-même ; c'est le cas de dire ou jamais : LA TROISIÈME SERA BONNE OU MAUVAISE ; pour le coup, si le peuple se la laisse souffler, je n'en suis plus, je jette au feu ma carte d'électeur, je passe aux Russes et je me fais Cosaque. Or, le peuple a fait la révolution de Février pour avoir le droit au travail. Il aime bien son droit de citoyen-électeur ; il tient énormément au suffrage universel ; il se ferait tuer si on tentait de lui voler sa part de souveraineté ; mais il tient encore plus à ne pas la vendre pour un *plat de lentilles*, à l'exercer dans sa dignité et son indépendance, et pour cela, il lui faut absolument le droit au travail. Nous avons donc à examiner froidement, impartialement, en nous *émancipant* de nos préjugés et des idées reçues, comment vous manœuvrerez avec ce droit au travail, et s'il ne vous jouera pas quelque mauvais tour, quand vous serez au pouvoir, quand nous serons *gouvernés* par une assemblée *socialiste*. La prévoyance n'est pas votre péché capital ; il nous sera bien permis d'en avoir un peu pour vous, attendu que la chose nous regarde de très-près, comme vous en conviendrez facilement.

Figurez-vous donc, citoyens, que nous sommes en 1852, s'il n'arrive pas d'*accident politique* d'ici là ; vous avez promis au Peuple Souverain, à la blouse, au sans-culottes, le droit au travail, le crédit gratuit, l'Etat serviteur, toutes choses qui n'en sont qu'une pour lui et qui signifient que vous organiserez solidairement *toutes* les branches du travail humain de manière à *équilibrer* la production et la consommation; ou, en d'autres termes, que vous lui fournirez les moyens d'arriver au bien-être, aux joies de la famille et de la propriété, de faire bombance proprement de temps à autre, à la manière des *honnêtes* gens, — toutes choses qui ne vous sont pas indifférentes, à vous autres bourgeois-socialistes, vu que de père en fils vous cultivez les besoins du ventre. Vous avez plus ou moins bien endoctriné le peuple, et la liste démocratique et sociale sort triomphante aux grandes élections. Le Souverain a nommé *ses commis* pour son avantage propre, et non pour le leur; comme il n'a eu jusqu'ici que des serviteurs infidèles, il a grand soin, cette fois, d'organiser le POUVOIR ÉLECTORAL en *permanence* et de ne plus *abdiquer* pour trois ans, afin de *pouvoir* mettre à la porte, du jour au lendemain, les représentants qui seraient tentés de le tromper ou seulement de *temporiser*. Il vous envoie à la barre de la Convention une sorte d'*huissier socialiste* de la trempe de Robespierre ou de Danton, pour vous sommer, au nom de quelques millions de pétitionnaires, d'avoir à remplir, toute affaire cessante, vos brillantes promesses concernant le droit au travail. Comme le Souverain n'aura pas su juger du premier coup les

représentants socialistes qui sont le plus au cou-
rant des découvertes de la science sociale, (surtout si vous lui marchandez l'émancipation *intellectuelle*), il vous fera signifier ses sommations
par des aspirants à la représentation, qui lui per-
suaderont qu'ils en savent autant et plus que
vous sur ce chapitre. J'imagine que vous n'irez
pas les mettre dehors, ni les mettre dedans,
comme vos prédécesseurs l'ont fait en plus d'une
rencontre ; je vous jure bien que le Souverain ne
le souffrirait pas. Ces aspirants délégués, qui auront naturellement envie de vous faire concurrence, vous demanderont pour le Peuple, le sa-
vez-vous bien ? je vous laisse à le deviner en
cent..., ils vous demanderont, non pas les ateliers nationaux comme ceux que M. Marie avait
inventés pour tuer le citoyen Louis Blanc ; non
pas un travail ruineux pour le trésor public et
donnant au travailleur tout juste de quoi ne pas
mourir de faim ; non pas un travail abrutissant
et sans aucun rapport avec les professions indus-
trielles et intellectuelles des individus... Non,
tenez-vous-le pour dit, citoyens, le peuple ne se
laissera pas voler cette fois, parce qu'il a résolu
d'en finir avec l'*exploitation* de l'homme par
l'homme. Ses délégués vous demanderont..., je
vais vous le dire, parce que je vois que vous ne
trouvez pas : ils vous demanderont le travail libre
à *option* selon les aptitudes *multiples* de l'homme,

ce qui est la condition *sine quâ non* de l'équilibre entre la production et la consommation ; — la faculté d'apprentissage gratuit pour les adultes qui se seraient trompés dans le choix de leur état ; — le *minimum* proportionnel aux besoins physiques et moraux ; — l'éducation intégrale selon les facultés ou vocations de l'individu ; — les invalides civils dans la maladie ou la vieillesse ; — l'abolition de tous les impôts..., sans parler de beaucoup d'autres choses plus ou moins raisonnables, que j'omets ici, de ces choses qui travaillent violemment les cerveaux dont les désirs ont été refoulés par de longues privations, qui se lassent de travailler pour faire jouir les *parasites* et qui croient qu'enfin leur tour est venu de *jouir*... Et tout cela, remarquez-le bien, ce n'est pas demain qu'ils le voudront ; ils savent trop bien ce qu'il leur en a coûté pour avoir eu la *bêtise* de mettre trois mois de misère au service de la République : c'est aujourd'hui, c'est sur l'heure qu'ils l'exigeront ; et si vous ne voulez pas, ou plutôt si vous ne savez pas le leur donner *sur l'heure*, vous serez bafoués, vous serez honnis, vous serez chassés comme des ignorants, comme des présomptueux, comme des charlatans, comme des exploiteurs, comme des coupeurs de tartines et des rogneurs de portions, qui auront joué à la vieille maxime : *Ote-toi de là que je m'y mette !...*

Et pourtant il faut être juste ; le Peuple-Souverain

se trompera alors, en vous demandant *trop à la fois*, comme il s'est trompé le 24 février en ne demandant pas assez à la fois, et cela parce que les corrompus s'étaient bien gardés de lui donner l'émancipation *intellectuelle*; il gâtera sa République *sociale* en vous demandant plus que vous ne *saurez* (si vous ne creusez pas la question), parce qu'il ne *saura* pas lui-même; vous serez tiraillés, harcelés à droite, à gauche, par les exagérations des petites coteries, des petites écoles, des petites doctrines, des petites ambitions, des petites rivalités; et les forces productives, les éléments de la vie sociale seront laissés à l'abandon, seront menacés de dissolution violente; et la République sociale tombera dans le gâchis, dans la boue, dans le sang peut-être; et le vautour du Nord, qui guette patiemment sa proie, viendra, avec ses huit cent mille Cosaques, dépecer son cadavre...

Voilà, vous dis-je, ce qui arrivera infailliblement, si vous marchez à l'aveuglette comme vous l'avez fait jusqu'ici, si vous ne vous concertez pas pour déterminer et faire accepter d'avance les bases du gouvernement *socialiste*.

J'aime bien à goguenarder de temps à autre; même vous avez pu voir que c'est ma passion dominante. Mais quand il s'agit de l'avenir de mon pays, de cette grande nation qui a tant fait pour la liberté, c'est fini, j'ai le cœur serré, je ne ris plus. Cette maudite prophétie de l'homme de Sainte-Hélène, vous savez... *républicaine* ou *cosaque!* eh bien, ça me bouleverse, je n'y pense pas une seule fois sans tomber dans l'abattement ou dans la fureur... Ici, je ne vous commande plus, je vous supplie, je vous adjure *de faire quelque chose*, de vous entendre à l'amiable, comme des patriotes, comme des amis, comme des frères, pour sauver la France, notre belle France, et avec elle toute l'Europe, de l'abîme de honte et de malheur qui la menace ; car, vous le savez, la lugubre prophétie regarde l'Europe comme la France, c'est-à-dire la *civilisation !* Et vous l'avez toujours vu, l'Europe suit, l'Europe marche avec ou après la France, tantôt haut, tantôt bas, selon que la reine de l'Humanité se relève ou se laisse abattre... Encore une fois, mes frères, mes amis, laissez-moi vous prier, vous conjurer, les larmes aux yeux, la mort dans l'âme, de faire trêve à vos querelles d'amour-propre, à vos polémiques blessantes, à vos hostilités de *mauvais exemple* ; d'oublier les *hommes* et de transporter le débat uniquement sur le terrain des *principes* ; de faire acte d'abnégation et de dévouement à la patrie, au peuple, à l'Humanité, qui compte sur vous, qui croit en vous, qui a encore besoin de vous ; laissez moi vous supplier, sans vous moquer de ma naïve bonhomie (car je saurais me moquer d'une manière terrible à mon tour, si vous rejetiez ma

prière); laissez-moi vous supplier de vous concerter, puisque vous possédez la *vérité sociale*, de vous
réunir prochainement, aux élections partielles,
dans un conclave solennel, comme vous l'avez fait
aux dernières élections, et là de signer de votre sang,
dans un nouveau JEU DE PAUME, l'engagement de ne
pas vous séparer sans avoir organisé UN COMITÉ PER-
MANENT D'ACTION chargé de mûrir une constitution
démocratique et sociale *basée sur le droit au travail*,
un plan d'améliorations positives, pratiques, *pos-
sibles*, un programme de réformes *successives*, ra-
dicales, intégrales pour la France et l'Humanité;
comme aussi de trouver un moyen sûr, décisif,
peu coûteux, de les propager et les faire accepter de
la *démocratie entière* avant le terme fatal où elle
sera livrée à elle-même... Et je puis vous en donner ma parole au nom du Peuple Français, l'Humanité vous suivra, vous donnera confiance, si
votre Aréopage est composé des plus dignes, s'ils
se dévouent sans parti pris, sans arrière-pensée,
à l'œuvre sainte de la pacification et du bonheur
universel.

En attendant, voici une formule de projet que
j'offre à la signature des bons citoyens, des citoyens *actifs*, qui veulent *faire quelque chose*, et qui
vous sera soumise officiellement si vous adoptez le
gros de mon idée. J'espère qu'on y reconnaîtra la
largeur de vues et l'impartialité de l'homme *émancipé*, qui hait l'*exclusivisme*, qui veut chercher le

bien partout où il se trouve. Je l'intitulerai :

Appel aux vrais démocrates pour l'organisation unitaire du mouvement démocratique et social.

ARTICLE PREMIER. — Les démocrates les plus connus de chaque localité ou de chaque quartier, les anciens candidats socialistes, les anciens délégués des corporations, les anciens membres des comités électoraux permanents, les gérants des associations solidarisées, les rédacteurs des journaux républicains, sont appelés à ouvrir *de leur propre mouvement*, dans chaque circonscription électorale, LE CAHIER DES VŒUX DE LA DÉMOCRATIE (1).

ART. 2. — Chaque électeur démocrate écrira le titre du système *social* ou du moyen pratique qui lui paraîtra le plus propre à conduire directement ou indirectement à la réalisation du *droit au travail* et du droit au bien-être. Il sera désirable que chacun fasse son choix entre les plans pratiques les plus connus et dont les titres suivent :

Le Socialisme et l'Impôt, par E. Girardin ; — la Banque nationale, par P.-J. Proudhon ; — les

(1) Tous ceux qui ont lu l'histoire de la Révolution française savent que c'était le grand moyen de propagande révolutionnaire en 1789. C'est, dans la pensée de l'auteur, une initiative d'*organisation* du Suffrage universel et du Pouvoir Electoral *permanent*, appliquée aux *choses*, en attendant qu'elle le soit aux *hommes* par la constitution régulière et ostensible d'une *majorité socialiste.*

Ateliers nationaux, par L. Blanc; — la Société
universelle, par H. Letellier (1); — la Propriété
du Peuple, par A. Granvallet, P. Brunemaire et
H. Junius; — l'Institut d'éducation profession-
nelle, par V. Considerant; — l'Egalité dans l'é-
ducation ou Organisation démocratique de l'enseignement, par A. Meunier; — la Doctrine d'é-
mancipation intellectuelle, par J. Jacotot; — la
Réforme financière, par F. Coignet; — la Com-
mandite nationale, par H. Fugère; — la Révolution sociale, par L. Fontarive (2); — le Communisme icarien, par G. Cabet (3); — le Communisme fusionien, par L. Toureil (4); — le Dernier
mot du Socialisme, par C. Chevé (5); — les Lettres d'un Habitant de Genève, par St-Simon: —
le Traité de l'association domestique agricole,
par Ch. Fourier; — l'Impôt progressif, par Léon
Faucher, etc.

Art. 3. — Le titre de chaque ouvrage sera suivi
d'un court énoncé des *motifs* d'adhésion. Il sera
revêtu d'un numéro d'ordre, par le dépositaire,
qui inscrira sur une feuille détachée portant le

(1) **Le siège est rue Constantine, 17.**

(2) **Ces ouvrages se trouvent au bureau de la** *Démocratie paci-*
fique, **rue de Beaune, 2.**

(3) **Se trouve rue Jean-Jacques Rousseau, 18, au bureau du**
Populaire.

(4) **L'auteur du** *Catéchisme fusionien.* **Il tient ses séances doc-**
trinales tous les dimanches, à huit heures du soir, rue de Bagneux,
9, près la rue Vaugirard, à Paris.

(5) **Rue de Tournon, 4. Prix : 1 fr.**

numéro, le nom, l'adresse et la profession de l'é-
lecteur, ainsi que le nom et l'adresse des dépo-
sitaires de localités qui seront délégués pour le
prochain trimestre. Cette liste d'adresses devra
être **mise *en lieu de sûreté*** et concourra à faire le
dénombrement périodique de la démocratie. Chaque déposant aura préparé d'avance une double
copie de l'objet de son dépôt, laquelle sera signée
par le dépositaire à titre de récépissé.

Aʀᴛ. 4. — Les dépouillements des cahiers et des
votes se feront successivement au chef-lieu de
canton, au chef-lieu de département et enfin à
Paris, tous les *trois mois* au moins ; les journaux
socialistes en publieront un résumé général, qui
sera, par les délégués parisiens, formulé en **PÉ-
TITION DE LA DÉMOCRATIE**, et envoyé à tous
les délégués de localités pour être revêtue de la
signature des adhérents primitifs.

Les auteurs des projets *pratiques* conduisant
à la réalisation du **DROIT AU TRAVAIL** qui auront obtenu la majorité du suffrage universel,
seront proclamés, de plein droit, candidats aux
prochaines élections.

Aʀᴛ. 7. — Une École normale ouvrière pour
l'émancipation *intellectuelle* du peuple sera or-
ganisée dans chaque localité ; elle sera chargée
de régulariser la propagande démocratique et
sociale, et de provoquer des adhésions aux plans
adoptés. Un règlement, qui sera publié ultérieu-

rcment (1), fera connaître les conditions d'admission.

—

Voilà, frères, les idées que m'inspire l'amour du pays et de l'humanité. Que les hommes de cœur aident à compléter cette ébauche et la masse populaire se réveillera de sa léthargie, et la centralisation des efforts, la discipline *intellectuelle* succédera à l'éparpillement des forces, et toutes les questions-mères, toutes les idées utiles passeront successivement au rôle des grandes assises de l'Opinion. Alors la démocratie verra surgir des entrailles populaires une foule de spontanéités vivaces, de natures énergiques, de talents vigoureux qui la feront sortir de sa torpeur, qui lui donneront un élan irrésistible, et qui aujourd'hui s'ignorent profondément ou n'osent prendre confiance en eux-mêmes parce qu'ils ne sont pas encore arrivés à l'*émancipation*, parce qu'ils croient encore à une aristocratie des intelligences, au système de *castes intellectuelles* qui les tient parqués dans dés travaux inférieurs ou abrutissants. Faites-les éclore régulièrement, au moyen de l'émancipation *intellectuelle*, ces talents précieux, qui doivent faire dans un avenir prochain une

---

(1) Un *Mémoire à consulter* sur cet important objet sera prochainement adressé, par le citoyen H. Junius, à l'association fraternelle des instituteurs et institutrices socialistes.

explosion terrible si les masses viennent à soup-
çonner votre insuffisance, et le mouvement s'or-
ganisera, et la réaction reculera d'épouvante, et
l'UNITÉ D'OPINION se manifestera imposante dans
les masses, et vous aurez assuré le succès de la
révolution *sociale* qui doit régénérer pacifique-
ment la France et l'Humanité.

JACQUES,

Ouvrier menuisier.

L'auteur répondra aux observations critiques des hommes sincères de toutes les opinions. Les lettres et adhésions au projet
ci-dessus seront reçues chez Pillon, éditeur de l'*Almanach d'un
Paysan*, par Joigneaux, représentant du peuple, rue Neuve-Saint-
Augustin, 10. (*Affranchir.*)

N.-B. — Nous croyons devoir informer nos lecteurs
que sur notre protestation, publiée à diverses reprises, le libraire Lasnier, rue de Bussy, 6, nous a déclaré
que l'écrivain qui a usurpé le nom de Junius, à l'occasion d'une publication réactionnaire intitulée : *Le citoyen Proudhon devant l'Assemblée nationale,* n'est autre qu'un sieur Gaëtan Delmas, ancien secrétaire de
préfecture sous Louis-Philippe, et aujourd'hui sous-
préfet dans le département de l'Aube. Il n'y a rien de
commun entre le faux Junius et notre ami H. Junius,
auteur de publications socialistes reproduites dans la
Démocratie pacifique, etc.

GENAY,
ouvrier sellier.

LEÇONS GRATUITES

D'Orthographe raisonnée, de Style, d'Improvisation oratoire, de Science *sociale*, etc., pour les Travailleurs, et en particulier pour les ouvriers *lettrés*, d'après la Méthode d'émancipation *intellectuelle*.

On se fait inscrire chez le citoyen Pillon, éditeur de la *Satire sociale*, 10, rue Neuve-Saint-Augustin.

www.ingramcontent.com/pod-product-compliance
Ingram Content Group UK Ltd.
Pitfield, Milton Keynes, MK11 3LW, UK
UKHW022212070726
13613UKWH00004B/1608